Mantenerse en forma con deportes

TIME FOR KIDS

Dona Herweck Rice

Asesor

Timothy Rasinski, Ph.D.
Kent State University

Créditos

Dona Herweck Rice, *Gerente de redacción*
Robin Erickson, *Directora de diseño y producción*
Lee Aucoin, *Directora creativa*
Conni Medina, M.A.Ed., *Directora editorial*
Ericka Paz, *Editora asistente*
Stephanie Reid, *Editora de fotos*
Rachelle Cracchiolo, M.S.Ed., *Editora comercial*

Basado en los escritos de *TIME For Kids*.

TIME For Kids y el logotipo de *TIME For Kids* son marcas registradas de TIME Inc. Usado bajo licencia.

Teacher Created Materials

5301 Oceanus Drive
Huntington Beach, CA 92649-1030
http://www.tcmpub.com

ISBN 978-1-4333-4429-9
© 2012 Teacher Created Materials, Inc.

Tabla de contenido

¡Ponte en forma!

Los deportes son una excelente forma para mantener el cuerpo en forma.

Baloncesto

En el baloncesto, los jugadores anotan puntos cuando meten la pelota en la canasta.

¿Puedes lanzar una pelota? Quizás el baloncesto sea tu deporte.

Fútbol americano

El fútbol americano
es un juego brusco pero
divertido. Los jugadores
usan cascos y almohadillas
para protegerse.

¿Puedes correr sin que te agarren? El fútbol americano puede ser el deporte para ti.

Fútbol

El fútbol requiere pies ágiles. Los jugadores de fútbol usan los pies para patear la pelota. Si tienes pies ágiles, prueba el fútbol.

Béisbol

En el béisbol, los jugadores batean la pelota con un bate para anotar carreras.

¿Eres bueno para batear la pelota? Quizás deberías probar el béisbol.

Natación

La natación es una buena manera de mantenerte en forma. Algunas personas compiten cuando nadan. Algunas personas nadan sólo para divertirse.

¿Puedes aguantar la respiración debajo del agua? Quizás deberías ser un nadador.

Patinaje

El patinaje es un deporte que se puede practicar en equipo o solo.

La gente patina sobre el suelo o el hielo.

¿Puedes mantener el equilibrio? Quizás el patinaje sea el deporte para ti.

Atletismo

Hay muchos deportes que probar en el atletismo. Uno de ellos son las carreras.

La gente puede correr
a pie y algunas personas
corren en sillas de ruedas.

¿Puedes ir rápido?
Quizás el atletismo sea
para ti.

Karate

¿Puedes patear y dar una vuelta? Puedes ser un buen karateca.

El karate es bueno para
tu cuerpo. Te hará fuerte.

Palabras para aprender

agarren

anotan

atletismo

baloncesto

batear

béisbol

brusco

carreras

cascos

deportes

en forma

equilibrio

equipo

fuerte

fútbol

fútbol americano

jugadores

karate

lanzar

natación

patear

patinaje

respiración

practicar

puntos

sillas de ruedas